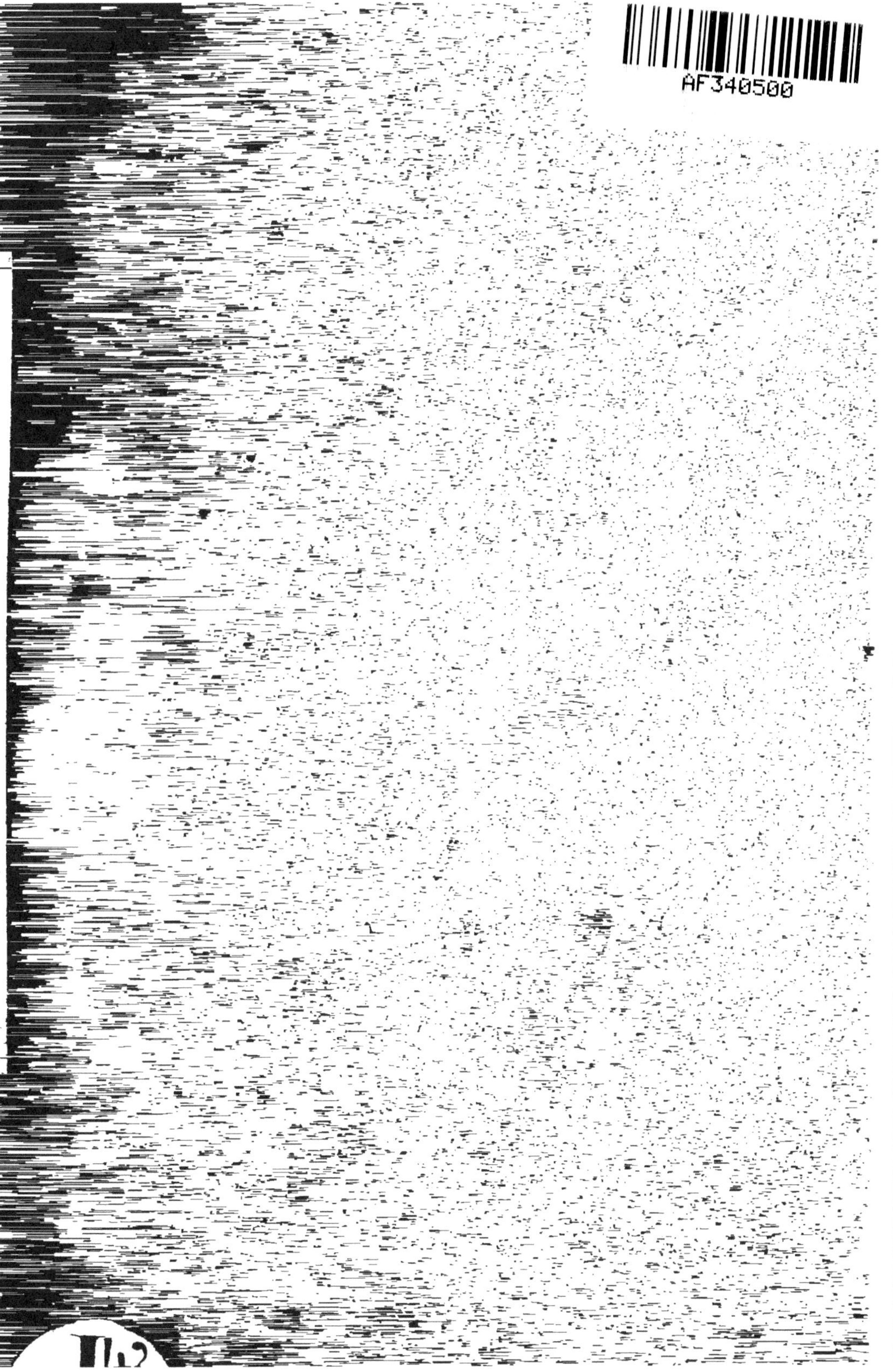

PRÉCIS

POUR LE CITOYEN

SAUVEUR-JERÔME MORAND,

HOMME DE LOI,

ET

JUGE DE PAIX DE LA DIVISION POISSONNIÈRE.

PRÉCIS

POUR LE CITOYEN

SAUVEUR-JERÔME MORAND,

HOMME DE LOI,

ET

JUGE DE PAIX DE LA DIVISION POISSONNIÈRE,

DEMANDEUR en cassation d'un Jugement du Tribunal Criminel du département de la Seine, du 28 Nivose an VI.

LE citoyen MORAND a été accusé sur une simple dénonciation.

Le propos qu'il a tenu, a été dénaturé, et n'était, tout au plus, qu'imprudent, et nullement criminel;

La condamnation prononcée contre lui, n'est que l'effet de la prévention, ou plutôt de l'erreur;

La procédure est radicalement nulle, et le jugement qui est intervenu, n'est fondé que sur une fausse application de la loi :

Le tribunal ne peut se dispenser d'anéantir l'un et l'autre.

F A I T.

Suivant le dénonciateur, le Juge de paix a dû dire, à une de ses audiences, (un an auparavant), que les contrats d'acquisitions de biens nationaux, étaient des arrêts de mort contre chacun des propriétaires de semblables biens :

Sur quoi, il a été déclaré convaincu d'avoir tenu des discours contre la sûreté intérieure de la République, contre la sûreté individuelle des citoyens, et tendant à provoquer le renversement du gouvernement républicain établi par la Constitution de l'an III ; et, comme tel, il a été condamné, d'après la loi du 27 germinal an IV, à la peine de la déportation, par jugement du tribunal criminel du département de la Seine, du 28 nivose dernier.

M O Y E N S   D E   C A S S A T I O N.

Le Juge de paix invoque divers moyens de cassation ;

1.º De ce que, d'après les articles 284, 285, et notamment l'article 286 du Code des Délits et des Peines, l'accusateur public ayant exercé, dans cette affaire, les fonctions d'officier de police judiciaire, n'en avait pas le droit, et devait renvoyer l'exposant devant le directeur du jury, attendu qu'il n'était prévenu que d'un délit commis dans ses fonctions de Juge de paix, et non dans l'exercice des fonctions d'officier de police judiciaire.

C'est, suivant son dénonciateur, pour avoir dit, *à une audience de la justice de paix*, que les contrats d'acquisitions de biens nationaux, étaient des arrêts de mort contre ceux qui en étaient porteurs, que *le Juge de paix* a été poursuivi criminellement.

Vous êtes prévenu, lui dit l'accusateur public, dans son interrogatoire, *d'avoir*, *dans vos fonctions de Juge de paix, provoqué*, etc.

Considérant, dit-il, dans son ordonnance portant mandat d'amener contre l'exposant, *qu'on ne pourrait tolérer, dans un Juge de paix en fonctions, des propos*, etc.

Enfin, c'est *contre Sauveur - Jérôme Morand Juge de paix de la division Poissonnière, prévenu d'un délit dans l'exercice de ses fonctions*, que le mandat d'arrêt a été décerné,

Or, puisque c'est comme *Juge de paix tenant*

audience, que l'exposant a été dénoncé ; puisque *c'est contre le Juge de paix* que le mandat d'amener a été décerné ; puisque *c'est contre le Juge de paix*, prevenu d'un délit commis *dans l'exercice de ses fonctions*, que le mandat d'arrêt a été pareillement lancé, et non comme prévenu d'un délit commis dans l'exercice de ses fonctions judiciaires, l'accusateur public était incompétent pour remplir, à son égard, les fonctions d'officier de police judiciaire.

Le Juge de paix eût-il même commis, dans l'exercice des fonctions d'officier de police judiciaire, le délit qui lui a été imputé, ce délit ayant été regardé comme un de ceux compris dans l'article premier de la loi du 27 germinal an IV, l'accusateur public était encore, sous ce rapport, incompétent pour en connaître, et la poursuite devait en être renvoyée au directeur du jury, et ce, aux termes de l'article II de ladite loi, qui porte : *les délits énoncés en l'article précédent seront poursuivis immédiatement par le directeur du jury faisant les fonctions d'officier de police judiciaire, et soumis à des jurés spéciaux d'accusation et de jugement, conformément aux dispositions du titre XIII du Code des Délits et des Peines.*

L'article III de la même loi dit encore : que *les*

directeurs du jury d'accusation procéderont, sous peine de forfaiture, à l'instruction de ces affaires, sans délai, sans discontinuation et toutes affaires cessantes.

Or, l'ordonnance de traduction devant le jury d'accusation, l'acte d'accusation et le jugement de condamnation à la déportation, disent que le délit dont l'exposant était prévenu, est prévu par l'article premier de la loi du 27 germinal an IV ; donc.

2.° De ce que, contre la teneur des articles 519 et 520 du Code des Délits et des Peines, concernant les jurés spéciaux, du nombre des douze qui devaient prononcer dans l'affaire de l'exposant, cinq s'étant trouvés absens à l'ouverture de l'audience, ont été remplacés par des jurés ordinaires ; d'où il résulte que l'exposant qui devait être jugé, aux termes de la loi, par un jury spécial, a été jugé par un jury mixte ; ce qui opère une autre nullité radicale prévue par l'art. 525 du titre XIII des jurés spéciaux, qui dit : *toute contravention aux dispositions du présent titre et des trois précédens, emporte nullité.*

3.° De ce que l'exposant est dit, par le jugement rendu contre lui, avoir été condamné à la déportation d'après l'article premier de la loi du 27 germinal an IV , *pour avoir tenu des discours contre la sûreté intérieure de la République , et contre la sûreté individuelle des citoyens , et tendant à provoquer le renversement du gouvernement.*

Mais d'après la loi de germinal , pour être déclaré coupable d'un tel crime, il faut, dit le même article premier, avoir, *par ses discours , provoqué la dissolution de la représentation nationale , ou celle du directoire exécutif , ou le meurtre de tous ou chacun des membres qui les composent , ou le rétablissement de la royauté , ou celui de la constitution de 1791 , ou de tout autre gouvernement que celui établi par la constitution de l'an III , ou le pillage , ou le partage des propriétés particulières , sous le nom de loi agraire , ou de toute autre manière.*

Or, l'exposant a-t-il été convaincu d'avoir, par ses discours, provoqué la dissolution de la Représentation nationale, ou celle du Directoire exécutif, ou le meurtre de tous, ou d'aucun des membres qui les composent? Non.

A-t-il été convaincu d'avoir, par ses discours, provoqué le rétablissement de la royauté, ou celui de la constitution de 1793, ou celui de la constitution de 1791, ou de tout autre gouvernement que celui établi par la Constitution de l'an III? Non.

A-t-il été convaincu d'avoir, par ses discours, provoqué l'invasion des propriétés publiques, ou le partage des propriétés particulières? Non.

Il ne pouvait donc être déclaré coupable de crime contre la sûreté intérieure de la République, et contre la sûreté individuelle des citoyens, ni par conséquent être condamné à la peine de la déportation.

Donc l'article premier de la loi du 27 germinal lui a été faussement appliqué.

Donc le jugement qui l'a condamné à la déportation ne peut échapper à la cassation ; et ce d'après l'artice 456 du code des délits et des peines, qui dit textuellement : *Le tribunal de cassation doit annuller les jugemens des tribunaux criminels, lorsqu'il y a fausse application des lois pénales.*

Après avoir démontré que la procédure, sur laquelle est intervenu le jugement du 28 nivose, est radicalement nulle, et qu'il y a, dans le jugement, une fausse application de la loi du 27 germinal, l'exposant va donner quelques détails nécessaires pour écarter, au besoin, la prévention qu'aurait pû occasionner, sur l'esprit des premiers juges, la nature du délit qui lui a été imputé.

Le citoyen Morand, après avoir été successivement commissaire de bienfaisance, membre du comité civil, greffier du commissaire de police, commissaire de police même; enfin nommé, par le comité de législation, juge de paix en l'an III, et réélu en l'an IV par l'assemblée primaire, a été dénoncé au mois de brumaire dernier, et accusé d'avoir dit (un an auparavant), à une de ses audiences, que les contrats d'acquisitions de biens nationaux étaient des arrêts de mort contre chacun des particuliers qui étaient propriétaires de semblables biens, et qu'il fallait être royaliste pour en être acquéreur.

On ne s'arrêtera pas ici sur l'absurdité et la contradiction d'une pareille imputation.

Son dénonciateur est le citoyen *François Pitton*, polisseur en acier, connu dans tous les tribunaux du département de la Seine, par nombre de procès qu'il a eu, en moins d'un an, avec ses voisins, et par suite desquels, par jugement du 5 fructidor an IV, ayant été déclaré *convaincu d'avoir tenu des propos tendant à troubler l'ordre public*, il a toujours été *condamné en réparations avec amendes, et défenses de récidiver.*

Voici comme s'en exprime l'accusateur public, le 16 brumaire, dans sa réponse à la lettre du commissaire du pouvoir exécutif.

Je vous observe, dit-il, que je crains bien que la dénonciation du citoyen Pitton ne soit une suite de tracasseries que celui-ci suscite, tous les jours, au juge de paix de la division Poissonière, et dont j'ai été entretenu depuis que je suis accusateur public. Vous avez même été personnellement à portée de juger des torts de Pitton. S'il était vrai que le juge de paix de la division Poissonière fût, encore ici, calomnié par son ennemi, combien il me serait douloureux d'avoir fait le premier essai, contre lui, des dispositions de l'article 286 du code des délits et des peines ! cependant je vous réponds que je mettrai d'autant plus de sévérité, dans mon instruction, que le ministre a accueilli la dénonciation du citoyen Pitton.

De sept témoins invoqués par le citoyen Pitton, à l'appui de sa dénonciation, trois ont déposé diversement, et de faits isolés ; et l'un des trois, *Jean-Louis Monnoye*, son compagnon apprenti, qui lui a toujours prêté son nom en justice, a été incarcéré au mois de frimaire, et condamné, pour vol, à six ans de fers, par jugement du tribunal criminel du département de la Seine, en date du 23 pluviose dernier.

Les quatre autres témoins, du nombre desquels deux assesseurs présens à l'audience susdite, ne chargent, en rien, le Juge de Paix, et ne déposent que des menaces, à lui faites par *Pitton*, en leur présence ; ils déclarent simplement, qu'à l'issue d'une audience, dans laquelle le citoyen *Pitton* avait perdu un procès, sur ce que quelqu'un témoigna qu'il était fâcheux que nombre de citoyens eussent acheté des biens nationaux à vil prix, pour s'enrichir aux dépens de la République, il fut observé par le Juge de Paix, ainsi que par plusieurs personnes présentes, que de tout tems un citoyen qui aurait été lésé d'outre-moitié, dans la vente de son bien, avait eu le droit de se pourvoir en lésion ; qu'ainsi le gouvernement avait et devait avoir le même droit.

D'après cet exposé, on voit que le propos du Juge de Paix a été dénaturé par le dénonciateur, et n'énonce rien de criminel, et rien que de vrai.

Voulût-on même le taxer d'imprudence, toujours serait-il vrai de dire que jamais il n'eût été pris en mauvaise part, s'il n'eût été travesti (au

bout d'un an), pour en accabler le Juge de Paix,
et le dénoncer comme conspirateur.

Quoi qu'il en soit, la dénonciation et les dépo-
sitions des trois témoins à charge ont prévalu
sur le témoignage des quatre autres, formant la
majeure et la plus saine partie des sept témoins
du dénonciateur, et le Juge de Paix a été condamné à la déportation.

Mais, ce qu'il y a de bien fâcheux, c'est que les
jurés qui ont connu de cette affaire, ont con-
fondu la question des circonstances atténuantes
avec la question intentionnelle ; de sorte qu'ayant
prononcé l'affirmative sur la question des circonstances atténuantes, ils ont ingénuement avoué avoir
cru et avoir voulu acquitter l'exposant.

Les juges ont gémi sur cette funeste erreur, et
la condamnation du Juge de Paix leur a fait verser
des larmes, dont le public, juste et compatissant,
a été témoin.

Dans cette position, l'erreur des jurés n'en est
pas moins respectable ; et l'exposant, quoique
privé de la liberté depuis près de cinq mois, se
félicite encore, dans son malheur, de trouver
dans la confection de la procédure intentée contre
lui, ainsi que dans le jugement qui l'a suivi,

divers moyens efficaces de nullité et de cassation , qui lui donnent l'avantage d'avoir accès auprès du tribunal.

Enfin tous les citoyens de la division Poissonnière le réclament comme un père , un conciliateur et un ami , qui, depuis le commencement de la révolution , quoique sous le poids des années et des infirmités , s'est constamment dévoué, pour le bien public , à remplir tous les postes auxquels il a été appelé par la confiance et l'estime qu'il n'a jamais cessé de mériter de ses concitoyens.

A PARIS,

DE L'IMPRIMERIE DU DÉPOT DES LOIS,

Place du Carrousel.

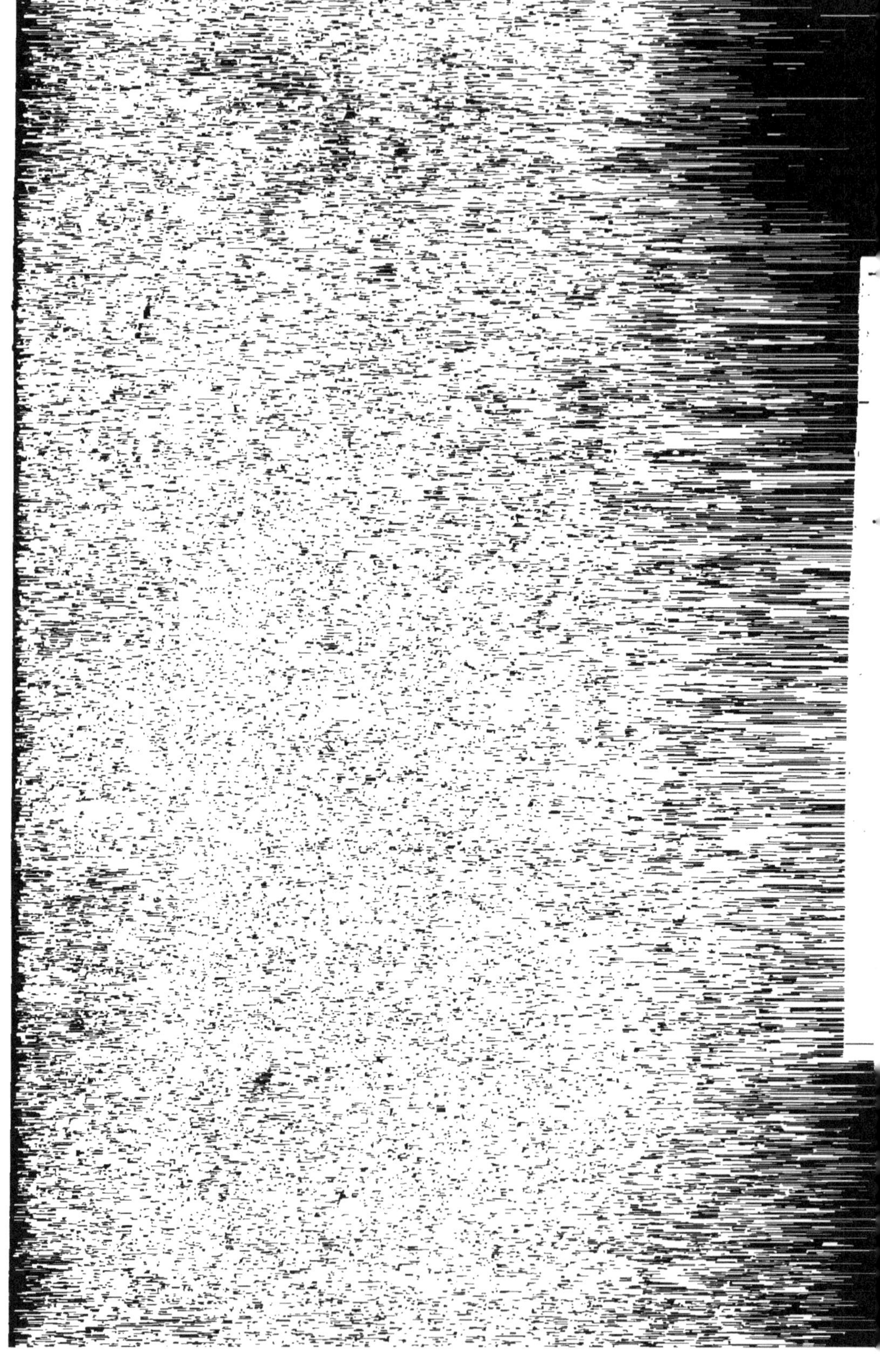